ECONOMÍA

Guía de estudio,
actividades y evaluación

DANIEL PÉREZ ENRRI
ADRIANA LAGHEZZA
ROBERTO LÓPEZ FREIJO

ECONOMÍA

Guía de estudio, actividades y evaluación

ERREPAR

Pérez Enrri, Daniel
Economía : guía de estudio, actividades y evaluación / Daniel Pérez Enrri ; Adriana Laghezza ; Roberto Carlos López Freijo. - 1a ed. - Buenos Aires : Errepar, 2007.
80 p. ; 28x19 cm.

ISBN 978-987-01-0709-5

1. Economía. I. Laghezza, Adriana II. López Freijo, Roberto Carlos III. Título
CDD 330

Economía
Guía de estudio, actividades y evaluación
Primera edición
Daniel Pérez Enrri
Adriana Laghezza
Roberto López Freijo

ERREPAR S.A.
Paraná 725 - (1017) Buenos Aires - República Argentina
Tel.: 4370-2002
Internet: www.errepar.com
E-mail: clientes@errepar.com

ISBN: 978-987-01-0709-5

CALIDAD CERTIFICADA
ISO
9001; 2000

Nos interesan sus comentarios sobre la presente obra:
editorial@errepar.com

Queda hecho el depósito que marca la ley 11.723

Impreso y hecho en la Argentina
Printed in Argentina

Esta edición de 3000 ejemplares se terminó de imprimir en los talleres Sevagraf S.A., en Buenos Aires, República Argentina, en el mes de agosto de 2007.

INTRODUCCIÓN

El objetivo de esta guía es contribuir a un ordenamiento y mejoramiento del proceso de enseñanza-aprendizaje de la economía, con aplicaciones prácticas y una autoevaluación que refieren a una programación general, detallada en el libro de texto *Economía,* de Samuelson, Nordhaus, Pérez Enrri, Ed. McGraw-Hill, Buenos Aires, 2004[1]. Dicho texto está adaptado a la realidad contemporánea mundial, con enfoques puntuales sobre la Argentina y América Latina. No obstante, también pueden consultarse otros reconocidos textos de economía.

Este trabajo se adapta a los cursos universitarios de economía; la mayoría de los temas tratados también abarca algunos requerimientos de los programas de posgrado.

En esta publicación se incorporan una guía detallada de cada lectura, ejercicios y preguntas teórico-prácticas, adecuados para un programa general de trabajo de un curso regular universitario, ya sea de grado o de posgrado.

Asimismo, se incluyen preguntas de diferente tipo para la autoevaluación.

La metodología, que servirá como orientación para el estudio de la mayoría de las unidades de un programa estándar de economía, se basa en el análisis y la aplicación de los conceptos de cada unidad en la lectura y el estudio de casos, enfoques, aplicaciones prácticas y opiniones de los distintos analistas económicos de la actualidad, fundamentadas con estudios y estadísticas. El alumno debería interpretar y articular los conceptos fundamentales que surgen de las palabras clave de todas las unidades y capítulos que se desarrollan en este texto.

Finalmente, la guía también permitirá, a los docentes de las diferentes cátedras, tener una orientación acerca de temas, preguntas tipo y actividades para la evaluación y los trabajos prácticos.

1 Para la profundización de los temas, pueden consultarse otros manuales, por ejemplo, *Macroeconomía*, de BLANCHARD, OLIVIER - PÉREZ ENRRI, DANIEL, Ed. Prentice Hall, Buenos Aires, 2000

CONTENIDOS

CAPÍTULO 1
INTRODUCCIÓN A LA ECONOMÍA

En este capítulo, delimitaremos el campo de estudio de la economía y su problemática, definiendo los principales conceptos de esta disciplina, como la escasez, la frontera de posibilidades de producción, el costo de oportunidad, la relación entre economía y política, los tres problemas de la organización económica, entre otros.

Bibliografía: Capítulo 1 de la bibliografía básica[2].

Guía de lectura, ordenamiento de estudio y autoevaluación:

De este capítulo, usted deberá saber los siguientes puntos:

1.1. La economía: micro y macroeconomía; economía positiva y normativa.

1.2. Algunas clasificaciones del proceso productivo: factores y productos.

1.3. Frontera de posibilidades de producción (FPP): el costo de oportunidad y la ley de los rendimientos decrecientes; usted deberá comprender los conceptos y representarlos gráficamente a partir de ejemplos concretos.

1.4. Identificar claramente los tres problemas de la organización económica, el *qué*, el *cómo* y el *para quién*; y de qué forma puede responder, la sociedad, a esas preguntas.

1.5. Definir la escasez, el costo de oportunidad y la eficiencia.

2 Samuelson, Nordhaus, Pérez Enrri, *Economía*, Ed. McGraw-Hill, Buenos Aires, 2004

Ejercicios resueltos:

En una economía, hay 5 trabajadores que pueden producir, cada uno, 5 kg de manteca o 3 pares de zapatos por día. Cada uno de ellos produce la misma cantidad de manteca o de pares de zapatos independientemente del número de trabajadores que haya en la industria.

a) Dibuje la frontera de posibilidades de producción de la sociedad (comience calculando una tabla).

b) ¿Cuántos pares de zapatos podría obtener, la sociedad, si estuviera dispuesta a no producir manteca?

c) ¿Cuántos kg de manteca podría obtener si renunciara a producir zapatos?

d) ¿Cuál es el costo de oportunidad de pasar de la alternativa de producción B) a la C), medido en términos de pares de zapatos?

Respuesta:

Respuesta a):

Alternativas de producción	Kg de manteca	Pares de zapatos
A	0	15
B	5	12
C	10	9
D	15	6
E	20	3
F	25	0

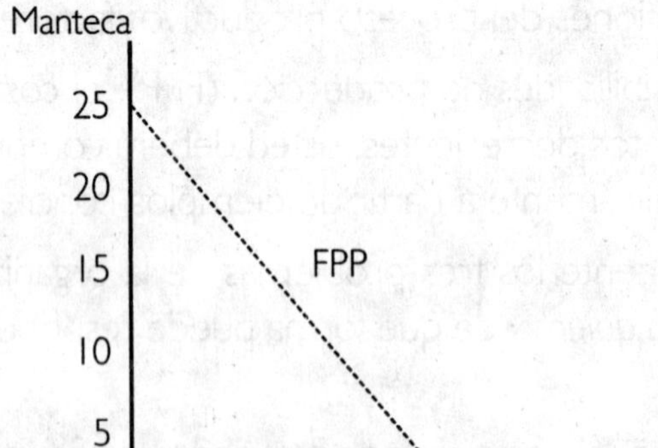

Respuesta b): Podría obtener 15 pares de zapatos si estuviera dispuesta a no fabricar manteca ("Alternativa A").

Respuesta c): Podría fabricar 25 kg de manteca si renunciara a producir zapatos ("Alternativa F").

Respuesta d): El costo de oportunidad de pasar de la alternativa de producción B) a la C), medido en términos de pares de zapatos, es de 3 pares.

Ejercicios de revisión:

1) ¿Qué es la economía? Defina el objeto de estudio de la economía y distinga con ejemplos los temas que estudian la microeconomía y la macroeconomía.
2) Explique la diferencia entre economía positiva y economía normativa e identifique, en un artículo de economía de actualidad, las afirmaciones positivas y las normativas.
3) Describa con ejemplos las tres categorías en que se clasifican los factores de producción; por ejemplo, la creatividad humana se ubica en el factor de producción "trabajo".
4) Imagine que una economía puede producir la siguiente combinación de bienes (en este caso, puentes y juguetes) de acuerdo con la tabla de posibilidades de producción:

Alternativas de producción	Cantidad de puentes	Cantidad de juguetes
A	0	30
B	2	27
C	4	21
D	6	12
E	8	0

5) Basándose en el concepto de frontera de posibilidades de producción (FPP), responda las siguientes consignas:
   a) Grafique la curva de posibilidades de producción con esos datos.
   b) En este caso, ¿se cumple la ley de los rendimientos decrecientes?; ¿cuál es la forma que tiene la curva?
   c) Si la economía está en el punto B, ¿cuál es el costo de oportunidad de producir dos puentes más (punto C), en términos de juguetes?; ¿cómo refleja, la curva, la ley de los costos de oportunidad crecientes?
   d) Suponga que ha logrado un avance tecnológico en la fabricación de juguetes, pero no ha variado la tecnología para la elaboración de puentes. ¿Qué forma tendrá la nueva FPP? Compare en el gráfico cómo ha variado la FPP con respecto a la original.

e) ¿Qué reflejan los puntos A, B, C, D, E? ¿Qué representa un punto situado dentro de la frontera de posibilidades de producción? ¿Y uno situado fuera? ¿Cómo puede alcanzar, la economía, el nivel de producción de un punto situado fuera de su frontera?

6) Después de leer detenidamente este capítulo, donde se analizan los conceptos de escasez, costo de oportunidad, usos alternativos, frontera de posibilidades de producción, entre otros, identifique en el texto dichos conceptos clave y responda las siguientes consignas:

a) Explique si actualmente en la sociedad hay recursos desempleados. Cite ejemplos.

b) Ejemplifique las decisiones intertemporales entre el consumo actual y el ahorro (consumo futuro) y su relación con el crecimiento económico. Para ello, grafique las FPP de Estados Unidos y de Japón, entre bienes de consumo y bienes de inversión. ¿En qué punto de la frontera situaría a cada país? ¿Cómo serán sus FPP en el futuro?

7) ¿Qué métodos utilizan los economistas en su tarea y de qué forma?

8) Busque y recorte, de la sección económica de algún matutino, frases que se refieran a la economía e indique cuáles de ellas corresponden a microeconomía y cuáles a macroeconomía.

9) ¿Qué es la econometría y qué instrumentos aplica?

10) Dados los siguientes datos, construir una frontera de posibilidades de producción.

Opción	Algodón	Trigo
A	0	7,5
B	1	7
C	2	6
D	3	4,5
E	4	2,5
F	5	0

Sobre la base de esa frontera, responder:

a) ¿Es eficiente la alternativa de producción A? Justifique.

b) Si el nivel de producción fuera de una unidad de algodón y 4 unidades de trigo, ¿sería eficiente ese nivel de producción? Justifique.

c) Si se quisiera tener, en el presente, un nivel de producción de 3 unidades de algodón y 7 unidades de trigo, ¿sería eso posible? Justifique.

d) ¿Cómo y cuándo puede alcanzar, la economía, un punto ubicado fuera de la FPP?
e) ¿Cuál es el costo de oportunidad de pasar de la alternativa de producción D) a la E)?

11) Indique si las siguientes afirmaciones son verdaderas o falsas y justifique su respuesta:

a) Manteniendo los mismos recursos de capital y tecnología, sin crecimiento económico, la economía podría encontrarse en un punto a la derecha de la FPP.
b) El crecimiento económico a mediano plazo se obtiene moviéndose a lo largo de la FPP y sin costo de oportunidad.

12) ¿Qué son los factores productivos y cómo se clasifican? Explique cada uno de ellos e indique cuál es su retribución.

13) ¿Podríamos afirmar que todos los países del mundo presentan el problema de la escasez, tanto los países pobres como los ricos? Fundamente su respuesta.

14) Explique cómo la economía responde a los tres cuestionamientos económicos: el qué, el cómo y el para quién.

Ejercicios de evaluación de opción múltiple:

1) Indique cuáles de las afirmaciones siguientes se refieren a la microeconomía:

a) La tasa de inflación ha bajado a menos del 1% mensual.
b) El precio de la carne ha aumentado en agosto.
c) El cultivo de trigo ha aumentado en relación con el del año anterior y el tiempo parece bueno; por tanto, debería haber una gran cosecha.
d) El desempleo en Rosario es elevado en relación con el resto del país.
e) La Argentina, en el período 1998-2001, ha tenido una tasa de crecimiento del PIB negativa.

2) Señale la opción correcta y justifique gráficamente:
Todo punto por encima de la FPP:

a) Se alcanza con el crecimiento económico.
b) Aumenta el costo de oportunidad.
c) Es de ineficiencia.
d) Ninguna de las anteriores es correcta.

3) Señale la opción correcta y justifique gráficamente:
Cuando se descubre un nuevo y mejor método productivo:
   a) Nos desplazamos a lo largo de la frontera de posibilidades de producción (FPP).
   b) La frontera de posibilidades de producción se desplaza a la derecha.
   c) Los rendimientos son decrecientes.
   d) Ninguna de las anteriores es correcta.

4) Marque la afirmación correcta y justifique:
Todos los puntos situados sobre la FPP representan necesariamente:
   a) Eficiencia productiva.
   b) Niveles inalcanzables de producción.
   c) Recursos ociosos y desempleo.
   d) Ninguna de las anteriores es correcta.

5) Marque la afirmación correcta:
Cuando se expande la curva de la frontera de posibilidades de producción, estamos en presencia de:
   a) Crecimiento económico.
   b) Recursos ociosos y desempleo.
   c) Ineficiencia de producción.
   d) Ninguna de las anteriores es correcta.

6) Marque la opción correcta:
Los factores de la producción:
   a) Son prácticamente ilimitados.
   b) Son limitados y, por ello, su uso es libre.
   c) Son utilizados para la obtención de los distintos bienes y servicios que necesitan las personas.
   d) Ninguna de las anteriores es correcta.

7) Marque la opción correcta:
Los bienes económicos:
   a) Son escasos y no tienen un valor económico.
   b) Son escasos o limitados.

c) Pueden o no ser escasos.

d) Ninguna de las anteriores es correcta.

8) Indique si las siguientes afirmaciones son verdaderas o falsas y justifique la opción elegida:

a) El caso extremo de una economía de mercado es aquel en el cual el Estado no interviene en las decisiones económicas, y se la denomina economía de *laissez-faire*.

b) En una economía autoritaria, el Estado es el que responde a las principales cuestiones económicas, dejando al mercado actuar en los temas relacionados con la producción de bienes.

c) La mayoría de las economías del mundo son de mercado, y los Estados tienen poca injerencia en los temas económicos.

d) Ninguna de las anteriores es correcta.

9) Marque la opción correcta:

a) La eficiencia significa que los recursos de la economía se utilizan lo más eficazmente posible para la satisfacción de las limitadas necesidades de los individuos.

b) La sociedad produce eficientemente cuando no puede aumentar la producción de un bien sin reducir la de otro, es decir, cuando no tiene costo de oportunidad.

c) Cuando en una sociedad hay recursos desempleados, como trabajadores ociosos, fábricas ociosas y tierra ociosa, la economía se encuentra en la FPP.

d) Todas las respuestas son incorrectas.

CAPÍTULO 2
EL MERCADO Y EL PAPEL DEL ESTADO

En este capítulo, usted podrá comprender la importancia de los mecanismos de mercado y de qué forma resuelve, el mercado, los problemas del *qué*, el *cómo* y el *para quién*. También desarrollará habilidades para comprender el funcionamiento del mecanismo del mercado; la formación de las curvas de oferta y demanda, el precio y la cantidad de equilibrio; y la influencia de los factores determinantes de la demanda y de la oferta y el racionamiento basado en los precios. Se incluye también el concepto de elasticidad y cómo se calcula.

Bibliografía: Capítulos 2, 3 y 4 de la bibliografía básica.

Guía de lectura, ordenamiento de estudio y autoevaluación:

De este capítulo, usted deberá saber los siguientes puntos:

2.1. Mercado: concepto. Funciones de los precios. Los problemas económicos fundamentales.

2.2. La división del trabajo: en qué consiste y qué beneficios genera en la producción.

2.3. Cuáles son los rasgos distintivos de la economías avanzadas.

2.4. Qué son los bienes de capital. En qué se diferencian de los bienes de consumo. Cómo influye el ahorro en la cantidad disponible de bienes de capital.

2.5. Cuáles son las fallas de mercado más corrientes y qué efectos producen.

2.6. Interacción entre la oferta y la demanda: conceptos, gráficos y aplicaciones.

2.7. Demanda: ley de la demanda decreciente. Pendiente negativa. Movimientos a lo largo de la curva.

2.8. Oferta: pendiente positiva. Movimientos a lo largo de la curva.

2.9. Equilibrio en el mercado: precios máximos, precios mínimos, factores determinantes o subyacentes de la demanda, factores determinantes o subyacentes de la curva de oferta, y modificación en el equilibrio de mercado.

2.10. Diferencia entre movimientos a lo largo de las curvas y desplazamiento de las curvas.

2.11. Elasticidad-precio de la demanda: factores que influyen. Cómo se calcula.

2.12. Elasticidad e ingreso. La paradoja de la abundante cosecha.

2.13. La elasticidad-renta de la demanda. Clasificación de los bienes.

2.14. La elasticidad-precio de la oferta. De qué depende.

Ejercicios resueltos:

Explique y justifique gráficamente su respuesta:

1) Suponga que el mal tiempo hace que sea más difícil capturar peces:

a) ¿Cómo afectará esto a la curva de oferta de pescado?

b) ¿Y al precio y la cantidad?

Respuesta:

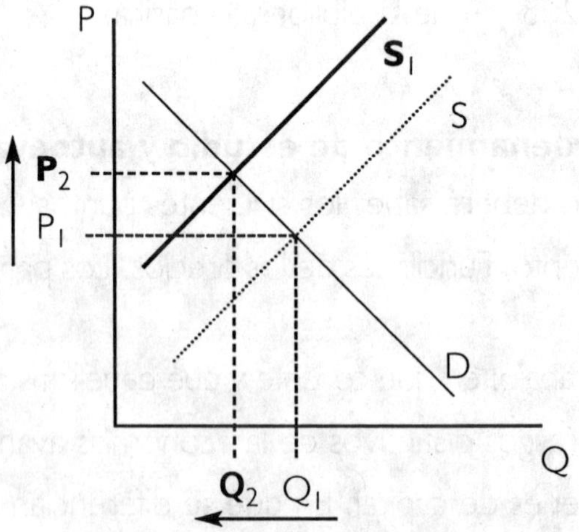

Respuesta a): El mal tiempo hará que la curva de oferta de pescado se desplace a la izquierda (hacia arriba).

Respuesta b): El precio aumentará y la cantidad de equilibrio disminuirá.

2) ¿Los antibióticos, en el mes de julio, en Buenos Aires, son bienes de demanda elástica o inelástica? Explique qué sucedería con la demanda, aproximadamente, si se duplica el precio de esos bienes. ¿Cambiaría mucho la demanda? Grafique.

Respuesta:
Los antibióticos, en el mes de julio, son bienes de demanda inelástica y aunque cambie el precio (por ejemplo, si aumenta el 50%), la cantidad demandada cambiaría muy poco.

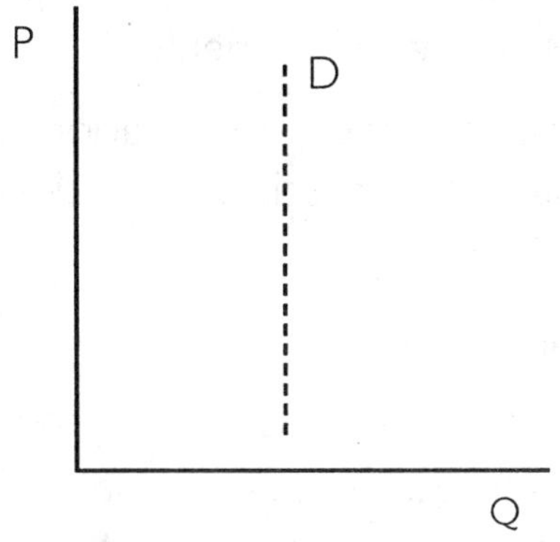

Gráfico de demanda inelástica

Ejercicios de revisión:

1) ¿Cuáles son los problemas fundamentales de toda organización económica y cómo los puede resolver la sociedad?
2) Identifique los agentes económicos que participan de un sistema económico y su interrelación. Explique en qué consiste el "doble flujo circular" en dicho sistema.
3) Explique las funciones del Estado en las economías de mercado modernas.
4) ¿Qué es el mercado y cómo resuelve los tres problemas económicos fundamentales de toda sociedad?
5) ¿Por qué motivo John Kenneth Galbraith afirma que el consumidor ya no es soberano?
6) Explique qué es la "soberanía dirigida".
7) Explique el concepto de mano invisible, de Adam Smith.
8) Describa los rasgos distintivos de las economías capitalistas avanzadas.
9) Explique con ejemplos la especialización y la división del trabajo.
10) ¿Qué son los bienes de capital? Cite ejemplos.
11) Explique sintéticamente las funciones económicas del Estado.
12) Diferencie entre eficiencia, equidad y estabilidad.

13) Cite ejemplos de externalidades e indique cómo actuaría el Estado en cada uno de ellos.

14) ¿Qué es la demanda y cómo se grafica? Explique la ley de la demanda decreciente. Analice los factores determinantes o exógenos de la curva de demanda.

15) ¿Qué es la oferta y cómo se grafica? Explique la ley de la oferta. Analice los factores determinantes o exógenos de la oferta.

16) Explique la diferencia entre movimientos a lo largo de las curvas de oferta y de demanda y desplazamientos de las curvas. Grafique. No es necesario realizar los gráficos con números y a escala (solo conceptualmente).

17) Explique y grafique el equilibrio de mercado y las situaciones de desequilibrio. ¿Qué pasa cuando se trata de operar a un precio demasiado alto o bajo, en relación con el equilibrio?

18) Explique gráficamente cómo varían:

a) Los precios de un bien cuando mejora la tecnología de producción de ese bien;
b) Si aumenta el precio de un bien sustituto (por ejemplo, el té, ¿qué impacto tiene en los precios y cantidades de equilibrio del café?).

19) En el cuadro adjunto mostramos unos datos hipotéticos de oferta y demanda de cigarrillos. Represente las curvas de oferta y demanda de encendedores y halle el precio y la cantidad de equilibrio.

Precio (pesos)	**Cantidad demandada** (millones)	**Cantidad ofrecida** (millones)
1	8	1
3	7	2
5	6	3
7	5	4
9	4	5
11	3	6

20) En el problema anterior, ¿cuál es el exceso de oferta o de demanda?:

a) Cuando el precio es de $ 3;
b) Cuando es de $ 11.

21) ¿Qué le ocurrirá a la curva de demanda de cigarrillos cuando suba el precio de los encendedores? Muestre en un diagrama de oferta y demanda cómo varían el precio y la cantidad de equilibrio de los encendedores.

22) Explique conceptualmente y grafique:

a) ¿En qué medida afecta, a la curva de demanda de cigarrillos, la prohibición de fumar en lugares públicos?

b) ¿Qué efecto producirá esto en la cantidad de equilibrio de cigarrillos comprados y vendidos, y en su precio? ¿Por qué?

23) Explique conceptualmente y grafique:

a) Suponga que el mal tiempo hace que sea más difícil capturar peces; ¿cómo afectará esto a la curva de oferta de pescado? ¿Y al precio y la cantidad?

b) Suponga que el mal tiempo también reduce la demanda de pescado, porque la gente no va de compras; muestre cómo afecta esto a la curva de demanda de pescado.

c) ¿Qué ocurre con la cantidad de pescado comprada y vendida cuando persiste el mal tiempo?

d) ¿Puede decir qué le ocurre al precio del pescado?

24) Explique conceptualmente y grafique:

a) ¿Qué sucedería si el Gobierno aplicara un precio máximo a los alquileres de los departamentos de dos ambientes, en ciudades como Buenos Aires, Córdoba, Mendoza y Mar del Plata, de U$S 80 por mes, sabiendo que el precio de equilibrio del mercado es aproximadamente de $ 400 por mes?

b) ¿Qué sucedería si el precio máximo impuesto fuera de $ 3.000 mensuales, es decir, por encima del precio de equilibrio ($ 400)? ¿Tendría algún impacto?

25) Explique gráfica y conceptualmente:

a) ¿Qué sucedería en las provincias de San Juan y Mendoza, productoras de vino, si se impusiera un precio mínimo (o precio sostén) del vino por encima del precio de equilibrio?

b) Si surgieran producciones en exceso (o excedentes) y no hubiese capacidad de almacenamiento, ¿qué piensa que harían los productores?

26) Concepto y ejemplos de elasticidad-precio de la demanda. ¿Cómo se clasifican las distintas categorías de elasticidad-precio de la demanda?

27) Explique cuáles de los siguientes bienes o servicios son más inelásticos al precio (elasticidad-precio de la demanda menor a uno) y por qué: antibióticos en invierno, leche, entradas de cine entre semana en las avenidas Corrientes y Santa Fe (recordar el efecto que se produce los días miércoles), entradas de cine los días sábado, automóviles Renault 9 o Fiat Duna, automóviles Mercedes Benz 0 Km.

28) ¿Cuáles son los factores determinantes de la elasticidad-precio de la demanda? Identifique algunos bienes de demanda elástica y algunos de demanda inelástica.

29) ¿Cómo varía el ingreso total de acuerdo con el tipo de elasticidad? Utilice un gráfico como ayuda y piense que usted es un oferente que está decidiendo variar o no el precio del bien que lleva al mercado. Entonces, ¿cuándo deberá bajar el precio y cuándo subirlo?

30) Concepto de elasticidad-renta de la demanda. ¿Cómo se clasifican los bienes de acuerdo con la elasticidad-renta de la demanda?

31) ¿Con cuál de las opiniones coincide, usted, respecto de la controversia sobre el salario mínimo?

32) ¿En qué caso la carga o incidencia de un impuesto recae más sobre los consumidores que sobre los productores?

Ejercicios de evaluación de opción múltiple:

1) Seleccione la opción correcta:

   a) Los mercados consiguen asignar eficientemente los bienes cuando hay competencia imperfecta o externalidades.
   b) Los bienes públicos son mercaderías en las que el costo para extender el servicio a una persona adicional es muy alto.
   c) Existe eficiencia económica cuando las actividades imponen costos o beneficios a otras fuera del mercado sin compensación alguna.
   d) Ninguna de las anteriores es correcta.

2) Señale la afirmación correcta:

   a) El Estado aumenta la eficiencia de la economía utilizando los programas de impuestos y de gasto para redistribuir la renta a favor de determinados grupos.
   b) Raúl Presbich advierte que el sistema de señales de los precios tiene que resolver los problemas de las fallas de mercado.
   c) En la competencia imperfecta, ninguna empresa o consumidor puede influir en los precios.
   d) Ninguna de las anteriores es correcta.

3) Señale la afirmación correcta:

   a) Los bienes públicos son un ejemplo de externalidad negativa.
   b) Existe competencia imperfecta cuando el comprador puede influir en precio del bien.

c) Los mercados por sí solos aseguran una distribución justa de la renta.
d) Ninguna de las anteriores es correcta.

4) Señale la opción correcta:
a) El monopolio es una falla de mercado que beneficia la competencia.
b) El Estado resuelve las desigualdades en la distribución de la renta por medio de la política fiscal.
c) En una economía de mercado, el Estado no estimula el crecimiento económico.
d) Todas son falsas.

5) Seleccione la opción correcta y justifique:
El efecto de una modificación en el precio de un bien (*ceteris paribus*) se representa como:
a) Un desplazamiento de la curva de demanda.
b) Un movimiento a lo largo de la curva de demanda.
c) Una variación de la FPP.
d) Ninguna de las anteriores es correcta.

6) Marque la afirmación correcta y justifique gráficamente:
a) La curva de demanda se desplaza hacia la derecha cuando mejora la tecnología.
b) La curva de oferta de un bien se desplaza hacia la derecha cuando el Estado subsidia la producción de dicho bien.
c) La curva de oferta se desplaza a la izquierda cuando aumenta la renta.
d) Ninguna de las anteriores es correcta.

7) Marque la afirmación correcta y justifique gráficamente:
Partiendo de una posición de equilibrio, un incremento de los costos en la producción de un bien (mientras la demanda permanece sin cambios) provoca:
a) El precio de equilibrio sube y la cantidad disminuye.
b) El precio de equilibrio baja y aumenta la cantidad.
c) La cantidad de equilibrio aumenta y el precio disminuye.
d) Ninguna de las anteriores es correcta.

8) Seleccione la opción correcta y justifique:
La demanda de un bien superior o de lujo, como, por ejemplo, las joyas:
a) Crece cuando aumenta el ingreso.
b) Decrece al crecer el ingreso.

c) No es afectada por cambios en el ingreso.

d) Ninguna de las anteriores es correcta.

9) Seleccione la opción correcta y justifique:
Cuando un bien es normal, un incremento en el ingreso produce:

a) Un desplazamiento de la curva de oferta a la derecha.

b) Un desplazamiento de la curva de demanda a la izquierda.

c) La curva de demanda se desplaza hacia la derecha.

d) Ninguna de las anteriores es correcta es correcta.

10) Seleccione la opción correcta y justifique gráficamente:
Cuando se pierde la cosecha de toda una región:

a) La curva de demanda se desplaza a la derecha.

b) La curva de oferta se desplaza hacia abajo.

c) La curva de oferta se desplaza hacia arriba.

d) Ninguna de las anteriores es correcta.

11) Seleccione la opción correcta y justifique:
Un desplazamiento hacia la derecha de la curva de oferta indica que:

a) Ha disminuido el deseo de los productores de ofrecer la mercadería.

b) A cada posible precio de mercado se ofrecería menor cantidad.

c) A cada posible precio de mercado se ofrecería mayor cantidad.

d) Todas las anteriores son falsas.

12) Seleccione la opción correcta y justifique gráficamente:
Cuando mejora la tecnología de producción de un bien (*ceteris paribus*):

a) Aumenta el precio y la cantidad de equilibrio.

b) Disminuye el precio y la cantidad de equilibrio.

c) Disminuye el precio de equilibrio y aumenta la cantidad.

e) Disminuye la cantidad y aumenta el precio de equilibrio.

13) Seleccione la opción correcta:

a) La influencia de la subvenciones en un mercado puede observarse desplazando en sentido ascendente la curva de oferta.

b) Un impuesto se traslada a los consumidores si la oferta es más inelástica que la demanda.

c) La elasticidad-precio de la demanda tiende a ser alta en el caso de los bienes necesarios, como la comida.

d) Ninguna de las anteriores es correcta.

14) Indique cuáles de las siguientes afirmaciones son verdaderas:

a) Una buena cosecha, por lo general, mejora la renta de los agricultores.

b) Si el precio de los antibióticos aumentara un 50%, la cantidad demandada bajaría un 60%.

c) Cuando baja el precio de un bien de demanda inelástica, los ingresos aumentan.

d) Ninguna de las anteriores es correcta.

CAPÍTULO 3
INTERRELACIÓN DE LOS MERCADOS, EFICIENCIA Y EQUIDAD

En este capítulo, usted podrá comprender más profundamente la eficiencia de la competencia perfecta y el equilibrio general de todos los mercados, la eficiencia del libre comercio internacional y las fallas de mercado más comunes, cómo controla el Estado la economía, los instrumentos de la política económica, las funciones del Estado, la teoría de la elección pública y los principios de la tributación. Interpretará las causas de la desigualdad en la distribución de la renta y de la riqueza, de qué forma se mide su distribución, qué es el estado de bienestar, y entrará en contacto con mediciones de los niveles de pobreza en América Latina y los distintos programas para combatirla.

Bibliografía: Capítulos 15, 16 y 19 de la bibliografía básica.

Guía de lectura, ordenamiento de estudio y autoevaluación:

De este capítulo, usted deberá saber los siguientes puntos:

3.1. La eficiencia en la asignación o eficiencia en el sentido de Pareto.

3.2. La interrelación de todos los mercados en el equilibrio en general.

3.3. Las propiedades del equilibrio competitivo.

3.4. La eficiencia de los mercados competitivos.

3.5. Las fallas del mercado.

3.6. Instrumentos de la política económica.

3.7. La historia fiscal: la evolución de las ideas sobre la participación del sector público en la economía.

3.8. Las funciones del Estado y la Teoría de la Elección Pública.
3.9. El gasto público y el federalismo fiscal.
3.10. Los ingresos públicos: principios de la tributación.
3.11. El sistema tributario argentino: evolución de la estructura tributaria argentina.
3.12. Cómo medir la desigualdad en la distribución de la renta y de la riqueza.
3.13. La curva de Lorenz y el coeficiente de Gini.
3.14. La desigualdad de la renta en América Latina.
3.15. La pobreza: ¿quiénes son pobres?
3.16. La pobreza en el mundo y en América Latina.
3.17. El gasto social y la lucha contra la pobreza: programas y críticas.

Ejercicios resueltos:

Analice el *Cuadro 19.9* de la página 349 y luego compare los valores de gasto de la Argentina y de México para 1990-1991 en los siguientes rubros:

a) Educación.
b) Salud y nutrición.
c) Seguridad social.
d) Vivienda, agua y saneamiento.

Respuestas:

a) Argentina: 3,3 – México: 2,6.
b) Argentina: 4,0 – México: 3,0.
c) Argentina: 8,3 – México: 0,3.
d) Argentina: 2,1 – México: 0,7.

Ejercicios de revisión:

1) Explique las funciones del Estado.
2) ¿Qué es la Teoría de la Elección Pública?
3) ¿Cómo se clasifica el gasto público según las distintas posturas?
4) ¿Cómo se clasifican los ingresos públicos? Explique las distintas categorías.
5) ¿Qué son los principios de equidad horizontal y de equidad vertical?
6) ¿Cuál es la diferencia entre un impuesto progresivo y uno regresivo? Cite ejemplos.

7) ¿Qué son los impuestos verdes? Explique con ejemplos.

8) Explique las ventajas de la descentralización fiscal.

9) Describa las distintas formas existentes para medir la distribución del ingreso en la población.

10) Explique en qué consisten la curva de Lorenz y el coeficiente de Gini.

11) Analice el *Cuadro 19.1* y determine qué porcentaje de la renta nacional se lleva el 20% más rico de la población en Brasil y en Costa Rica.

12) De acuerdo con el *Cuadro 19.1*, indique en los casos de Uruguay y de México qué porcentaje de la renta nacional se lleva el 10% más pobre.

13) De acuerdo con el *Cuadro 19.1*, determine cuáles son los países más equitativos y cuáles los de mayor desigualdad en la distribución del ingreso.

Ejercicios de evaluación de opción múltiple:

1) Seleccione la opción correcta y justifique:
¿Para qué se utiliza la curva de Lorenz?

a) Para mostrar la distribución del ingreso.

b) Para observar la relación entre inflación y desempleo.

c) Para medir el crecimiento económico.

d) Ninguna de las anteriores es correcta.

2) Seleccione la opción correcta:
De acuerdo con el *Cuadro 19.2* sobre la distribución del ingreso por estratos, en 1995, el estrato de ingresos altos (20% más rico) percibía aproximadamente:

a) El 53% del total.

b) El 34% del total.

c) El 48% del total.

d) Ninguna de las anteriores es correcta.

3) La eficiencia, en el sentido de Pareto, se da cuando:

a) Es posible mejorar el bienestar de una persona sin empeorar el de otra.

b) No es posible mejorar el bienestar de una persona sin empeorar el de otra.

c) Es posible mejorar el bienestar de una persona mejorando el de otras.

d) Ninguna de las anteriores es correcta.

4) En el equilibrio general competitivo, suponiendo que los consumidores maximizan la utilidad y las empresas, el beneficio:

   a) Los cocientes entre las utilidades marginales de los bienes de todos los consumidores son distintos a los precios relativos de esos bienes.

   b) Los cocientes entre los costos marginales de los bienes producidos por las empresas son distintos a los precios relativos de esos bienes.

   c) Los ingresos relativos del producto marginal de todos los factores son iguales en todas las empresas y en todos los bienes e iguales a los precios relativos de esos factores.

   d) Ninguna de las anteriores es correcta.

5) Seleccione la opción correcta:

   a) En un mercado con externalidades, el consumo de una persona reduce la cantidad disponible para otra.

   b) En los mercados de competencia perfecta, no se incluyen en los precios de mercado los efectos secundarios de la producción.

   c) Las externalidades permiten que el productor influya en el precio del bien o del servicio.

   d) Ninguna de las anteriores es correcta.

6) Consigne las funciones del Estado:

   a) ....

   b) ....

   c) ....

   d) ....

7) ¿Cuáles de los siguientes ingresos del Estado tienen una naturaleza tributaria?

   a) Tasas.

   b) Uso del crédito.

   c) Aportes a la seguridad social.

   d) Ninguna de las anteriores es correcta.

CAPÍTULO 4
EVOLUCIÓN DEL PENSAMIENTO ECONÓMICO

En este capítulo, usted podrá examinar todas las escuelas importantes del pensamiento económico: la tradición clásica, la revolución keynesiana, el enfoque monetarista y la comparación con el keynesiano, la nueva macroeconomía clásica y el ultraclasicismo.

Bibliografía: Capítulo 32 de la bibliografía básica[3].

Guía de lectura, ordenamiento de estudio y autoevaluación:

De este capítulo, usted deberá saber los siguientes puntos:

4.1. El mercantilismo como doctrina económica. Los autores del mercantilismo.

4.2. Características de la literatura mercantilista y aportes teóricos.

4.3. Los fisiócratas: situación histórica.

4.4. Los clásicos: situación histórica. Adam Smith.

4.5. La política económica de los clásicos.

4.6. Marginalistas y neoclásicos: principales aportes neoclásicos.

4.7. Teoría y política económicas keynesianas. Ideas fundamentales de la teoría general.

4.8. La tradición clásica y la revolución keynesiana.

3 También Pérez Enrri, Daniel, *Economía en el pensamiento, la realidad y la acción*, Ed. Macchi, Buenos Aires, 2000, Capítulo 9.

4.9. El enfoque monetarista y la comparación con el enfoque keynesiano.

4.10. El monetarismo moderno.

4.11. La nueva macroeconomía clásica y la curva de Phillips ilusoria.

4.12. El ultraclasicismo: la economía del lado de la oferta.

Ejercicios resueltos:

Represente gráficamente un aumento de los impuestos, de acuerdo con la "Escuela del lado de la oferta", para reflejar cómo afecta esto a la producción potencial.

Respuesta:

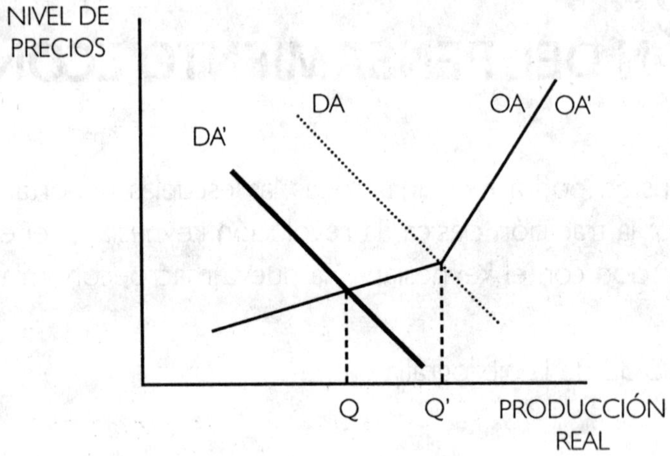

Ejercicios de revisión:

1) Reseñe la evolución del concepto de valor a través de las doctrinas económicas. ¿Quiénes han realizado los principales aportes y en qué consistieron?

2) ¿Qué diferencias encuentra entre las teorías objetivas del valor y las subjetivas?

3) Compare las ideas de los pensadores mercantilistas con las de los fisiócratas.

4) ¿Cuáles fueron las ideas que influenciaron el pensamiento de Adam Smith y cuáles son las tesis fundamentales de su teoría?

5) Explique sintéticamente los aportes del pensamiento clásico y del neoclásico, resaltando sus diferencias.

6) Explique las críticas de John M. Keynes al pensamiento neoclásico y cuáles son las ideas fundamentales de su teoría general.

7) Explique los principales postulados del monetarismo y compárelos con el enfoque keynesiano.

8) ¿Cuáles son los fundamentos de la nueva macroeconomía clásica y sus implicancias?

9) Explique las propuestas de la Escuela ultraclasicista conocida como "economía del lado de la oferta".

10) Sintetice los aportes del marxismo al pensamiento económico.

Ejercicios de evaluación de opción múltiple:

1) Seleccione la opción correcta y justifique:
Los autores del mercantilismo, entre otros, fueron los siguientes:
   a) William Petty, Thomas Mun y Charles Davenant.
   b) François Quesnay, Adam Smith y David Ricardo.
   c) Rousseau, Voltaire y Montesquieu.
   d) Ninguna de las anteriores es correcta.

2) Seleccione la opción correcta y justifique:
Los proteccionismos nacionalistas, expresados principalmente en temas como el comercio internacional y la circulación monetaria, se asocian a los:
   a) Clásicos.
   b) Mercantilistas.
   c) Fisiócratas.
   d) Ninguna de las anteriores es correcta.

3) Seleccione la opción correcta y justifique:
La primera Revolución Industrial alteró las relaciones económicas internacionales de esa época y afirmó el liderazgo de:
   a) Francia.
   b) Estados Unidos.
   c) Inglaterra.
   d) Ninguna de las anteriores es correcta.

4) Seleccione la opción correcta y justifique:
François Quesnay es el principal exponente de la Escuela:

a) Mercantilista.
b) Clásica.
c) Neoclásica.
d) Ninguna de las anteriores es correcta.

5) Seleccione la opción correcta y justifique:
Algunos de los principales autores clásicos fueron los siguientes:

a) William Petty, Thomas Mun y J. S. Mill.
b) François Quesnay, Adam Smith y David Ricardo.
c) L. Walras, V. Pareto y K. Marx.
d) Ninguna de las anteriores es correcta.

6) Seleccione la opción correcta y justifique:
Los neoclásicos centraron su interés en:

a) El desempleo y la inflación.
b) El mercado, enfatizando la perspectiva de la oferta y los costos.
c) La temática de la demanda y la utilidad.
d) Ninguna de las anteriores es correcta.

7) Seleccione la opción correcta y justifique:
Para los fisiócratas, la única actividad genuinamente productiva era:

a) La industria.
b) El campo.
c) El comercio.
d) Ninguna de las anteriores es correcta.

8) Seleccione la opción correcta y justifique:
La idea clásica que expresa que la oferta crea su propia demanda es conocida como:

a) El principio de la acumulación.
b) La ley de Say.
c) La ley de los rendimientos decrecientes.
d) Ninguna de las anteriores es correcta.

9) Seleccione la opción correcta y justifique:
John Maynard Keynes afirmaba:

a) La oferta crea su propia demanda.

b) El ahorro depende de la tasa de interés.

c) La situación normal de la economía es de pleno empleo.

d) Ninguna de las anteriores es correcta.

CAPÍTULO 5
CONCEPTOS CLAVE DE LA MACROECONOMÍA

En este capítulo, usted podrá entender qué es la macroeconomía, cuándo nació, analizar los objetivos y los instrumentos de la política macroeconómica, la oferta y la demanda agregadas y el equilibrio macroeconómico global. Conocerá cómo se mide la actividad económica, las distintas formas de expresar el PIB, el problema de la doble contabilización, y algunos detalles que influyen en la contabilidad nacional. Asimismo, se estudiarán los índices de precios y la formación de capital.

Bibliografía: Capítulos 20 y 21 de la bibliografía básica.

Guía de lectura, ordenamiento de estudio y autoevaluación:

De este capítulo, usted deberá saber los siguientes puntos:

5.1. Macroeconomía: objetivos e instrumentos.

5.2. La medición económica: PIB potencial, PIB real.

5.3. El sector externo.

5.4. La oferta y la demanda agregadas: el equilibrio macroeconómico.

5.5. La medición de la actividad económica: el PIB.

5.6. El problema de la doble contabilidad: la medición del PIB como flujo de bienes y como flujo de ingresos.

5.7. Detalles de la contabilidad nacional: PIB real y nominal.

5.8. La inversión y la formación de capital: la inversión neta y la inversión bruta.

5.9. El producto interno bruto, el producto interno neto y el producto nacional bruto.

5.10. Los índices de precios y la inflación: el índice de precios al consumidor (IPC) y el índice de precios al por mayor (IPM).

5.11. La subestimación del crecimiento económico: el problema de los *números-índice*.

Ejercicios resueltos:

Explique y grafique: Suponga que el nivel general de precios de equilibrio es de 150 y el PIB de 3000. ¿Qué ocurre si el nivel de precios fuera inferior al de equilibrio; por ejemplo 100?

Respuesta:

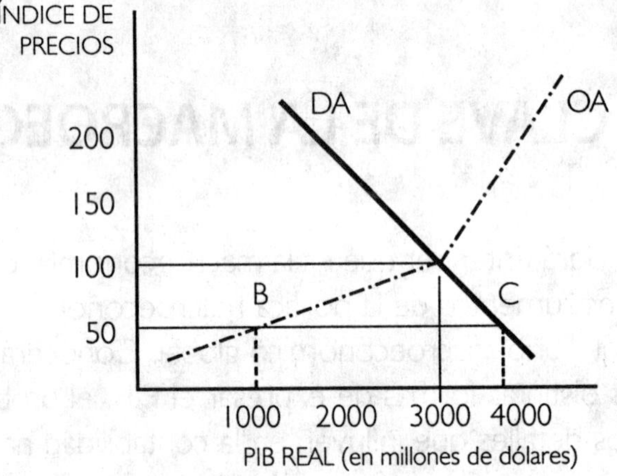

Respuesta: Si el nivel general de precios fuera inferior al de equilibrio, los consumidores querrían comprar más ("C" = 4000) que lo que las empresas desean vender ("B" = 1000).

Ejercicios de revisión:

1) ¿Qué se entiende por equilibrio general macroeconómico?
2) Defina las curvas de oferta y de demanda agregadas. Represente gráficamente. Desplazamientos de las curvas.
3) ¿Qué importancia tiene la demanda agregada en el modelo keynesiano? Y, ¿de qué manera se puede salir de una recesión? Movimientos de las curvas de la demanda agregada.
4) Desarrolle brevemente los principales temas que estudia la macroeconomía. Por ejemplo: desempleo, inflación.
5) ¿Cuáles son los objetivos e instrumentos de la política macroeconómica? Explique sintéticamente las políticas fiscales, las políticas monetarias, las políticas de estabilización y las políticas económicas internacionales.

6) Analice la diferencia entre micro y macroeconomía y explique el problema de la agregación. Mencione algunos ejemplos.

7) Ensaye un diagrama del flujo circular de la actividad macroeconómica y explique las dos medidas del producto nacional.

8) Explique la diferencia entre producción y producto, bienes finales y bienes intermedios, valor agregado e insumos. Elabore un ejemplo numérico.

9) ¿Qué es el producto interno bruto ? Analice los distintos enfoques que se utilizan para medirlo.

10) Señale las diferencias entre:

   a) Producto nacional bruto y producto interno bruto.

   b) Producto nominal y producto real.

11) Analice el *Cuadro 20.6* y explique cómo influyen los factores determinantes de la OA y de la DA sobre las curvas.

12) Después de observar la *Figura 21.5*, trate de explicar con sus palabras cómo se llega del PIB al RD.

13) Defina la ecuación macroeconómica fundamental y explique las variables que la componen.

Ejercicios de evaluación de opción múltiple:

1) Señale la opción correcta:
En la Argentina se encuentran radicadas muchas empresas extranjeras y el valor total de los bienes y servicios finales que producen está incluido en:

   a) PNB (producto nacional bruto).

   b) PNN (producto nacional neto).

   c) PIB (producto interno bruto).

   d) Ninguna de las anteriores es correcta.

2) Seleccione la opción correcta:
Suponga que en un momento dado, el PIB nominal es igual al PIB real; si luego se produce un incremento en el nivel general de precios, resultará que:

   a) El PIB real es mayor que el PIB nominal.

   b) El PIB real es igual que el PIB nominal.

   c) El PIB real es menor que el PIB nominal.

   d) Ninguna de las anteriores es correcta.

3) Seleccione la opción correcta y justifique:
Al hacer referencia al valor de todos los bienes y servicios finales producidos por una economía en un período dado, dentro de las fronteras de un país, estamos definiendo el:

a) Producto interno bruto.

b) Producto nacional neto.

c) Producto nominal.

d) Ninguna de las anteriores es correcta.

4) Indique cuáles de las siguientes afirmaciones son verdaderas:

a) Todos los trabajos se computan en las cuentas nacionales, por ejemplo: el de las amas de casa.

b) La compraventa de acciones y las transferencias se computan dentro del PIB.

c) La actividad informal o "en negro" no se incluye en el cálculo del PIB.

d) Ninguna de las anteriores es correcta.

5) Seleccione la opción correcta y justifique:
El ahorro personal es la parte de la renta disponible de las economías domésticas que:

a) No se consume.

b) Se destina a disminuir la riqueza.

c) Incrementa los subsidios.

d) Todas las anteriores son verdaderas.

6) Seleccione la opción correcta y justifique:
La diferencia entre PNN (a precios de mercado) y la Renta Nacional reside en:

a) Los impuestos indirectos.

b) La depreciación.

c) Los gastos de Gobierno.

d) Las transferencias.

7) Marque la opción correcta y justifique su respuesta:

a) La renta o producto nacional es la suma de todos los bienes y servicios finales e intermedios producidos en un período de tiempo.

b) El producto interno bruto mide el valor de todos los bienes y servicios finales producidos por factores de propiedad nacional.

c) El producto nacional bruto es el valor de todos los bienes y servicios finales más los valores agregados producidos en el interior del país.

d) Ninguna de las anteriores es correcta.

8) Seleccione la opción correcta y justifique:
La diferencia entre producción y producto radica en la contabilización de:

a) Bienes finales.

b) El ingreso de los factores de producción.

c) Los bienes intermedios.

d) Ninguna de las anteriores es correcta.

9) Seleccione la opción correcta:
¿Cuáles de los siguientes conceptos se incluyen en el cálculo del PIB?

a) La adquisición de una parcela de tierra.

b) Las comidas que un chef cocina en su casa.

c) La compra de un cuadro original de Picasso.

d) Ninguna de las anteriores es correcta.

CAPÍTULO 6
LOS CICLOS ECONÓMICOS

En este capítulo, usted conocerá las características y las teorías de los ciclos económicos, los fundamentos de la demanda y de la oferta agregadas, los factores que subyacen tras ambas curvas y el equilibrio de la macroeconomía.

Bibliografía: Capítulo 23 de la bibliografía básica.

Guía de lectura, ordenamiento de estudio y autoevaluación:

De este capítulo, usted deberá saber los siguientes puntos:

6.1. Los ciclos económicos: características, teorías de los ciclos.

6.2. Recesiones y expansiones económicas: características habituales.

6.3. Ciclos inducidos por la demanda.

6.4. Desplazamientos de la demanda agregada.

6.5. Factores determinantes de la oferta agregada y sus movimientos.

Ejercicios resueltos:

Grafique: ¿qué efecto produce en la DA un aumento del gasto del Estado mientras lo demás permanece constante?

Respuesta:

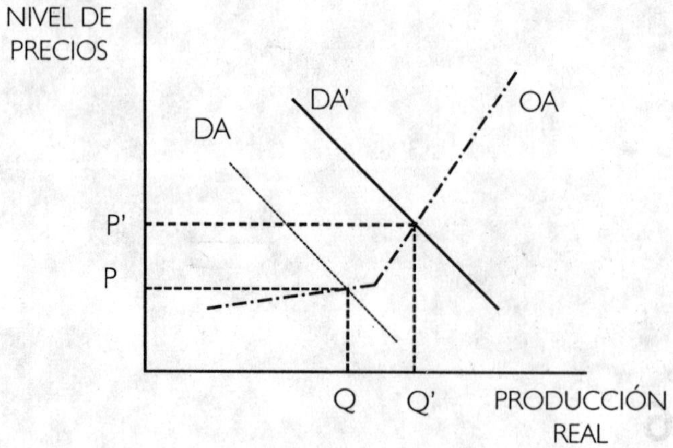

Ejercicios de revisión:

1) ¿Qué es un ciclo económico? ¿Cuánto puede durar?
2) Describa las fases del ciclo económico.
3) ¿Cuáles son las características habituales de las recesiones?
4) Explique las características habituales de las recesiones.
5) Desarrolle las teorías habituales de los ciclos económicos.
6) Concepto de oferta y de demanda agregadas. Sintetice los factores determinantes de la demanda agregada y de la oferta agregada y su impacto en la producción, el empleo y el nivel de precios.
7) Explique cómo está compuesta la demanda agregada.
8) Desplazamientos de la demanda agregada. Grafique y explique.
9) Grafique las curvas de oferta y de demanda agregadas y explique el equilibrio macroeconómico global.

Ejercicios de evaluación de opción múltiple:

1) ¿Cuáles de las siguientes son características habituales de las recesiones?
   a) Las compras de los consumidores aumentan de forma muy marcada mientras que las existencias de bienes duraderos que tienen las empresas disminuyen.
   b) Aumenta la demanda de trabajo.
   c) Disminuyen la producción y la inflación.
   d) Ninguna de las anteriores es correcta.

2) Señale la opción correcta:
Un descenso de la DA hace que:
   a) Aumente la producción.
   b) Disminuya la producción.
   c) Aumente el nivel general de precios.
   d) Ninguna de las anteriores es correcta.

3) Un aumento del valor de la riqueza de los consumidores, debido a una suba de las cotizaciones de la bolsa, mientras todo lo demás permanece constante, hace que:
   e) La curva de DA se desplace a la izquierda.
   f) La curva de DA se desplace a la derecha.
   g) La curva de OA se desplace a la izquierda.
   h) Ninguna de las anteriores es correcta.

4) Consigne las dos fases y los puntos de giro de los ciclos económicos:
   a) ....
   b) ....
   c) ....
   d) ....

5) Consigne las cuatro corrientes de consumo que forman la DA:
   a) ....
   b) ....
   c) ....
   d) ....

6) Consigne los factores determinantes de la DA:
   a) ....
   b) ....
   c) ....
   d) ....

CAPÍTULO 7
SECTOR MONETARIO

En este capítulo, usted podrá examinar la importancia del dinero y las tasas de interés, el funcionamiento del sistema bancario, la oferta monetaria, la creación primaria y secundaria de dinero, el importante papel de los bancos centrales en las economías, sus relaciones con los bancos comerciales y con los mercados financieros.

Bibliografía: Capítulos 11, 25 y 26 de la bibliografía básica.

Guía de lectura, ordenamiento de estudio y autoevaluación:

De este capítulo, usted deberá saber los siguientes puntos:

7.1. La historia del dinero.

7.2. Las tasas de interés: tasas de interés reales y nominales.

7.3. La demanda de dinero: los motivos para demandar dinero.

7.4. Los bancos comerciales: las reservas fraccionarias.

7.5. La creación primaria de dinero.

7.6. El riesgo y el rendimiento de los activos.

7.7. La bolsa de valores: los mercados eficientes.

7.8. Historia y estructura de la Reserva Federal.

7.9. Las funciones del Banco Central.

7.10. Determinación de la oferta monetaria.

7.11. La política monetaria en una economía abierta.

7.12. El mecanismo de transmisión monetaria.

7.13. La política monetaria en el modelo DA-OA.

7.14. Calificación y prima de riesgo país. Conceptos y ejemplos de países (ver capítulo 2).

Ejercicios resueltos:

1) Si una persona invierte $ 5.000 a una tasa del 15% anual, ¿cuál es su saldo dentro de 6 meses?

Respuesta:

Tasa de interés semestral: 7,5%

Cálculo del interés: 5.000 x 7,5 ÷ 100 = 375

Capital + interés = 5.000 + 375 = 5.375

<u>Su saldo es de $ 5.375</u>

2) Si una persona posee un bono de $ 2.000 a 3 años, indexado por inflación y que tiene una tasa de interés real del 5%, si la inflación fue del 2%, 5% y 8%, calcule cuánto debe cobrar por capital e interés al cabo de los tres años.

Respuesta:

Cálculo del interés 1er año: tasa 2% + 5% = 7%	2.000 x 7 ÷ 100 = 140
Cálculo del interés 2do año: tasa 5% + 5% = 10%	2.000 x 10 ÷ 100 = 200
Cálculo del interés 3er año: tasa 8% + 5% = 13%	2.000 x 13 ÷ 100 = 260

Total: capital + intereses: 2.000 + 140 + 200 + 260 = 2.600

<u>Debe cobrar $ 2.600</u>

Ejercicios de revisión:

1) ¿Cómo está compuesta la oferta monetaria?
2) Diferencie las tasas de interés reales de las tasas de interés nominales.
3) Desarrolle las funciones del dinero.
4) Explique los motivos de la demanda de dinero.
5) ¿Qué son las reservas fraccionarias?
6) Explique con ejemplos las modificaciones de la base monetaria.
7) Defina el multiplicador de la oferta monetaria.

8) Describa el menú de activos financieros.

9) ¿Qué es la *Tasa de Rendimiento* de un activo?

10) Explique la *Teoría del Mercado Eficiente*.

11) Desarrolle las funciones del Banco Central.

12) Explique cómo afecta una reducción del coeficiente de reserva legal a:
   a) Las tasas de interés.
   b) La existencia de crédito.
   c) La variación de la inversión.
   d) El PIB.
   e) El nivel de empleo.

13) ¿Qué es la *esterilización* de las perturbaciones internacionales?

14) Explique la *neutralidad* de los efectos monetarios a largo plazo.

15) Analice la evolución del riesgo país (calificación y prima de riesgo) de dos países de América Latina.

Ejercicios de evaluación de opción múltiple:

1) Señale la opción correcta:
   a) La tasa de interés real mide el rendimiento expresado en pesos por cada peso invertido.
   b) La función del dinero como "medio de cambio" significa que se mide el valor de las cosas con respecto al dinero.
   c) La función del dinero como "depósito de valor" significa que conserva el valor a lo largo del tiempo.
   d) Ninguna de las anteriores es correcta.

2) Seleccione la opción correcta:
   a) La base monetaria es igual al circulante más los depósitos en las cuentas corrientes.
   b) El Banco Central crea dinero primario, a través de los bancos, con el encaje.
   c) La base monetaria crece cuando el Banco Central le vende dólares a los particulares.
   d) Ninguna de las anteriores es correcta.

3) Señale la opción correcta:
   La oferta monetaria es igual a:
   a) El circulante (billetes y monedas).
   b) El circulante (billetes y monedas) más las reservas (o encajes).

c) La base monetaria más las reservas.

d) Ninguna de las anteriores es correcta.

4) Seleccione la opción correcta:

a) M2 = Efectivo en manos del público más depósitos en cuenta corriente más depósitos a plazo fijo.

b) M3 = Efectivo en manos del público más depósitos en cuenta corriente más depósitos en caja de ahorro.

c) M1 = Efectivo en manos del público más depósitos en caja de ahorro.

d) Ninguna de las anteriores es correcta.

5) Señale la opción correcta:

a) Una disminución de la reserva legal (encaje) requerida por el BCRA provoca una contracción monetaria.

b) La oferta monetaria es igual a la base monetaria más las reservas.

c) La oferta monetaria es igual al circulante (billetes y monedas) más las reservas o encaje legal.

d) Ninguna de las anteriores es correcta.

6) Señale la opción correcta:
La base monetaria es igual a:

a) El circulante (billetes y monedas).

b) El circulante (billetes y monedas) más los depósitos en los bancos comerciales.

c) El circulante (billetes y monedas) más los depósitos a la vista.

d) Ninguna de las anteriores es correcta es correcta.

7) Consigne las funciones del dinero:

a) ....

b) ....

c) ....

8) Consigne los principales instrumentos de la política monetaria del FED:

a) ....

b) ....

c) ....

9) Consigne las funciones del Banco Central:

a) ....

b) ....

c) ....

d) ....

e) ....

f) ....

CAPÍTULO 8
CRECIMIENTO Y DESARROLLO ECONÓMICOS

En este capítulo, usted podrá definir qué se entiende por crecimiento económico; examinar las distintas teorías y debates, y los patrones o tendencias del crecimiento; comprender cómo se mide el desarrollo humano y cómo se clasifican los países de acuerdo con el IDH; y analizar las particularidades de los cuatro elementos del desarrollo en los países de renta baja, las distintas estrategias para romper el ciclo vicioso de la pobreza y los diferentes modelos de desarrollo.

Bibliografía: Capítulos 27 y 28 de la bibliografía básica.

Guía de lectura, ordenamiento de estudio y autoevaluación:

De este capítulo, usted deberá saber los siguientes puntos:

8.1. Los cuatro engranajes del crecimiento económico.

8.2. Las teorías del crecimiento económico.

8.3. El modelo de Wall Street.

8.4. El modelo de Main Street.

8.5. Los patrones o tendencias del crecimiento económico.

8.6. La experiencia del crecimiento en América Latina.

8.7. El aspecto de un país en vías de desarrollo.

8.8. El Índice de Desarrollo Humano: componentes y clasificación de países.

8.9. Los cuatro elementos del desarrollo.

8.10. Los ciclos viciosos y los círculos virtuosos: Wall Street y Main Street.

8.11. Estrategias del desarrollo económico.

8.12. Modelos de desarrollo: los modelos asiáticos, el socialismo, el estructuralismo latinoamericano y el comunismo.

Ejercicios resueltos:

Después de analizar detenidamente el *Cuadro 27.6* de la página 514, responda las siguientes preguntas:

1) ¿En la década de los sesenta, el crecimiento del PIB de México fue positivo o negativo?
2) ¿El PIB de México, en la década de los sesenta, fue superior o inferior al de la Argentina?
3) ¿Qué país registró el más alto crecimiento de su PIB en la década de los setenta?
4) ¿Qué país registró el máximo crecimiento negativo en la década de los ochenta?

Respuestas:

1) Fue de 3,4 positivo.
2) Fue superior; la Argentina registró 2,4.
3) Ecuador con el 5,8.
4) Nicaragua registró -3,7.

Ejercicios de revisión:

1) Explique cada uno de los factores del crecimiento económico.
2) Desarrolle la teoría del crecimiento de Solow.
3) Explique el funcionamiento del modelo de Wall Street.
4) Explique el funcionamiento del modelo de Main Street.
5) Resuma en un cuadro las siete tendencias del crecimiento económico.
6) Describa los indicadores del IDH.
7) Ensaye una clasificación de países a partir del IDH.
8) ¿Cómo se clasifican los países de acuerdo con el PIB per cápita?
9) Explique las particularidades de cada uno de los elementos del desarrollo económico.
10) Explique cómo funciona el ciclo vicioso de la pobreza.
11) Consigne las diferencias entre el modelo de Wall Street y el modelo de Main Street.

Ejercicios de evaluación de opción múltiple:

1) Indique cuáles de las siguientes síntesis pertenecen al llamado modelo de Main Street:

   a) Fomentar el libre comercio ilimitado.

   b) Fomentar la inseguridad en el empleo.

   c) Impulsar salarios más altos.

   d) Ninguna de las anteriores es correcta.

2) Indique cuáles de las siguientes síntesis pertenecen al llamado modelo de Wall Street:

   a) Impulsar salarios más altos.

   b) Fomentar el libre comercio ilimitado.

   c) Regular la expresión mundial.

   d) Ninguna de las anteriores es correcta.

3) Indique cuál de los siguientes países ocupa el primer puesto mundial de acuerdo con el IDH:

   a) Estados Unidos.

   b) Noruega.

   c) Japón.

   d) Ninguno de los anteriores.

4) Consigne los cuatro engranajes del crecimiento:

   a) ....

   b) ....

   c) ....

   d) ....

5) Consigne los indicadores que integran el IDH:

   a) ....

   b) ....

   c) ....

CAPÍTULO 9
DESEMPLEO E INFLACIÓN

En este capítulo, usted analizará los factores determinantes de la oferta agregada, cómo influyen los desplazamientos de la demanda agregada en la producción y en el empleo a corto y a largo plazo –según el enfoque clásico y según el enfoque keynesiano–, cómo se mide el desempleo, cuáles son sus efectos y la relación que existe entre las variaciones del PIB y el desempleo; conocerá la historia de la inflación, los distintos tipos, sus consecuencias, las distintas teorías que tratan de explicar su origen, la relación de la inflación con el desempleo y los distintos dilemas que deben enfrentar las políticas antiinflacionarias.

Bibliografía: Capítulos 29 y 30 de la bibliografía básica.

Guía de lectura, ordenamiento de estudio y autoevaluación:

De este capítulo, usted deberá saber los siguientes puntos:

9.1. Factores determinantes de la oferta agregada.

9.2. La oferta agregada a corto plazo y a largo plazo.

9.3. El desempleo: medición, efectos del desempleo.

9.4. La ley de Okum.

9.5. La interpretación económica del desempleo.

9.6. El mercado de trabajo.

9.7. ¿Qué es la inflación?

9.8. La historia de la inflación.

9.9. Tipos de inflación.

9.10. Las consecuencias económicas de la inflación.

9.11. Las teorías sobre el origen de la inflación y los distintos enfoques.

9.12. La curva de Phillips.

9.13. Los dilemas de la política antiinflacionaria.

Ejercicios resueltos:

1) Represente gráficamente cómo influye, en la DA y en el nivel de precios, una disminución en los costos, mientras que la producción potencial no varía.

Respuesta:

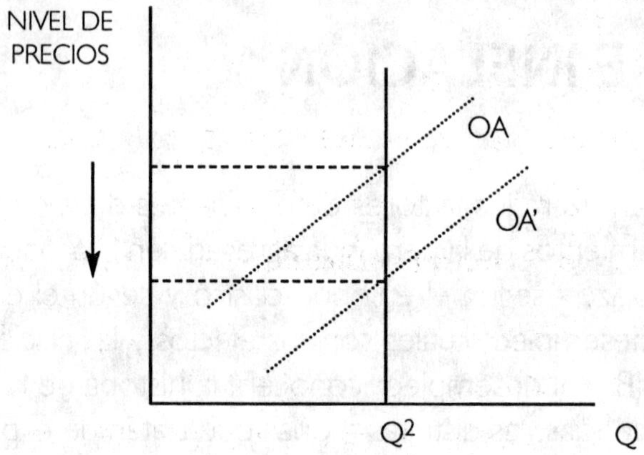

2) De acuerdo con la teoría de la inflación de costos, represente gráficamente cómo influye, en el precio y en la producción real, una disminución de los costos de producción.

Respuesta:

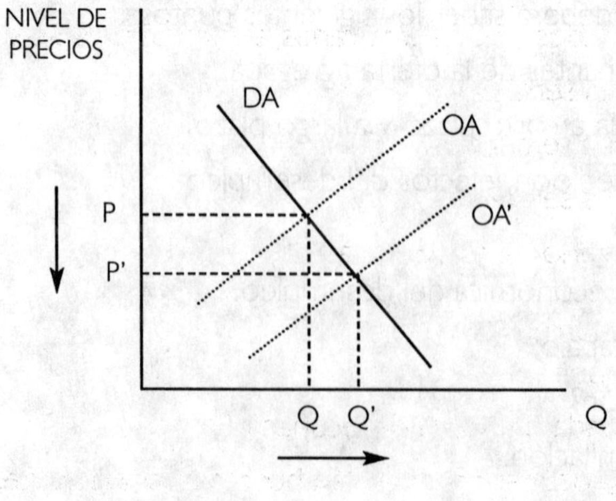

Ejercicios de revisión:

1) Explique por qué es distinta la OA a corto plazo de la OA a largo plazo.
2) ¿Cómo se mide el desempleo?
3) Ensaye una clasificación de la población.
4) Desarrolle la fundamentación de la ley de Okum.
5) Describa los tipos de desempleo.
6) Explique cuáles son las causas de la rigidez de los salarios.
7) Defina la inflación.
8) Distinga los tres tipos de inflación. Cite ejemplos.
9) ¿Qué efecto produce la inflación con respecto a los impuestos?
10) ¿Qué son los *Costos de Menú?*
11) ¿A qué se llama *Inflación Tendencial*?
12) Desarrolle las distintas teorías que explican el origen de la inflación.

Ejercicios de evaluación de opción múltiple:

1) Seleccione la opción correcta:
La tasa de actividad representa:
   a) El porcentaje de la población ocupada con respecto a la población total.
   b) El porcentaje de la población ocupada con respecto a la población económicamente activa.
   c) El porcentaje de la población económicamente activa con respecto a la población total.
   d) Ninguna de las anteriores es correcta.

2) Se considera subocupados visibles u horarios a aquellas personas que trabajan:
   a) Menos de 45 horas semanales.
   b) Menos de 35 horas semanales.
   c) Menos de 25 horas semanales.
   d) Ninguna de las anteriores es correcta.

3) Seleccione la opción correcta:
La PEA está formada por:
   a) La población ocupada menos la desocupada.
   b) Los que no tienen ocupación y la están buscando activamente.

c) La población ocupada más la desocupada.

d) Ninguna de las anteriores es correcta.

4) Seleccione la opción correcta:
Uno de los factores determinantes de la OA son:

a) Los incrementos de las compras del Estado.

b) Los costos de la producción.

c) Los cambios en la oferta monetaria.

d) Ninguna de las anteriores es correcta.

5) Seleccione la opción correcta:

a) El desempleo cíclico es el causado por cambios en la demanda de trabajo en momentos diferentes del año.

b) La tasa de desempleo o desocupación expresa el porcentaje de personas desocupadas respecto de la población total.

c) El desempleo cíclico se produce por cambios estacionales de la demanda de trabajo.

d) Ninguna de las anteriores es correcta.

6) Señale la opción correcta:
El desempleo friccional surge por:

a) Desajustes entre la oferta y la demanda de trabajo.

b) Insuficiencia de la demanda agregada.

c) Cambios tecnológicos.

d) Ninguna de las anteriores es correcta.

CAPÍTULO 10
POLÍTICA ECONÓMICA

En este capítulo, usted podrá observar las consecuencias económicas de los déficits y de la deuda externa, la interdependencia de la política monetaria y de la política fiscal y de qué forma se puede conseguir el crecimiento a largo plazo.

Bibliografía: Capítulo 33 de la bibliografía básica.

Guía de lectura, ordenamiento de estudio y autoevaluación:

De este capítulo, usted deberá saber los siguientes puntos:

10.1. Los déficits y superávits presupuestarios.

10.2. La política presupuestaria: presupuestos cíclicos, estructurales y efectivos.

10.3. Las consecuencias económicas de los déficits económicos y de la deuda en la Argentina durante la convertibilidad.

10.4. La controversia sobre el efecto-expulsión.

10.5. La interdependencia de la política monetaria y la política fiscal.

10.6. El crecimiento a largo plazo.

Ejercicios resueltos:

Supongamos que usted es Presidente y llega a la conclusión de que es necesario aumentar extraordinariamente el gasto social y de que debe incrementarse a costa de las inversiones internas y de las exportaciones netas, ¿qué combinación de medidas fiscales y monetarias debe implementar?

Respuesta: Podría elevar el gasto social, no elevando los impuestos, endureciendo la política monetaria y elevando las tasas de interés lo suficiente como para reducir la inversión y las exportaciones netas, para poder aumentar las compras del Estado.

Ejercicios de revisión:

1) ¿Qué entiende por política fiscal?
2) ¿Cuándo existe un déficit y cuando un superávit fiscal?
3) De la *Figura 33.1*, indique en qué año hubo mayor déficit presupuestario en América Latina y en qué año el déficit fue el más bajo.
4) Defina presupuesto cíclico.
5) Explique qué influencia sobre el crecimiento de la producción ocasiona, a largo plazo, una gran deuda pública.
6) Indique las dificultades con las cuales chocan las políticas fiscales de estabilización.
7) Explique las formas con que puede, el Estado, fomentar el avance tecnológico.

Ejercicios de evaluación de opción múltiple:

1) Existe un presupuesto equilibrado cuando:
   a) Todos los impuestos y demás ingresos son superiores al gasto público durante un año.
   b) El gasto es inferior a los impuestos durante un año.
   c) Los gastos e impuestos son iguales en un determinado período.
   d) Ninguna de las anteriores es correcta.

2) Seleccione la opción correcta:
   a) El presupuesto efectivo calcula cuáles serán los ingresos, los gastos y los déficits del Estado si la economía funcionara a un nivel de producción potencial.
   b) El presupuesto estructural es la diferencia entre el cíclico y el efectivo.
   c) El presupuesto cíclico registra los gastos, los ingresos y los déficits monetarios efectivos correspondientes a un determinado período.
   d) Ninguna de las anteriores es correcta.

3) Seleccione la opción correcta:
   a) Un aumento del déficit estructural, provocado por una reducción de los impuestos, tiende a bajar las tasas de interés y a aumentar la inversión.

b) Una disminución del déficit estructural, provocado por un aumento de los impuestos, tiende a subir las tasas de interés y a reducir la inversión.

c) Un aumento del déficit estructural, provocado por una reducción de los impuestos, tiende a subir las tasas de interés y a reducir la inversión.

d) Ninguna de las anteriores es correcta.

4) Seleccione la opción correcta:

a) Un déficit presupuestario provoca un aumento de la deuda pública.

b) La disminución del déficit reduce la deuda pública.

c) La reducción de la deuda pública no exige tener un superávit presupuestario.

d) Ninguna de las anteriores es correcta.

CAPÍTULO 11
SECTOR EXTERNO

En este capítulo, se analizan los principios por los que se rige el comercio internacional, las causas que lo originan, la determinación de los tipos de cambio, la balanza de pagos internacionales y los flujos de capitales en América Latina, el sistema monetario internacional y los tipos de cambio, las instituciones internacionales, el sistema de Bretton Woods, el FMI, el Banco Mundial y algunas cuestiones económicas internacionales de finales de siglo.

Bibliografía: Capítulos 31, 34 y 36 de la bibliografía básica.

Guía de lectura, ordenamiento de estudio y autoevaluación:

De este capítulo, usted deberá saber los siguientes puntos:

11.1. Las tendencias del comercio internacional.

11.2. Las causas del comercio internacional de bienes y servicios.

11.3. La determinación de los tipos de cambio.

11.4. El mercado de divisas y los sistemas de tipos de cambio.

11.5. Detalles de la balanza de pagos internacionales.

11.6. El sistema monetario internacional.

11.7. Los tipos de cambio y el patrón oro.

11.8. El mecanismo de ajuste de Hume.

11.9. Los tipos de cambio dirigidos.

11.10. Las instituciones internacionales: el sistema de Bretton Woods, el Fondo Monetario Internacional, el Banco Mundial.

11.11. Los efectos de la devaluación. Inflación y ajuste externo en América Latina.

Ejercicios resueltos:

Grafique y explique:

¿Qué ocurriría con el precio del dólar en la Argentina si se produjese una profunda depresión en nuestro país que disminuyera la demanda de esa divisa?

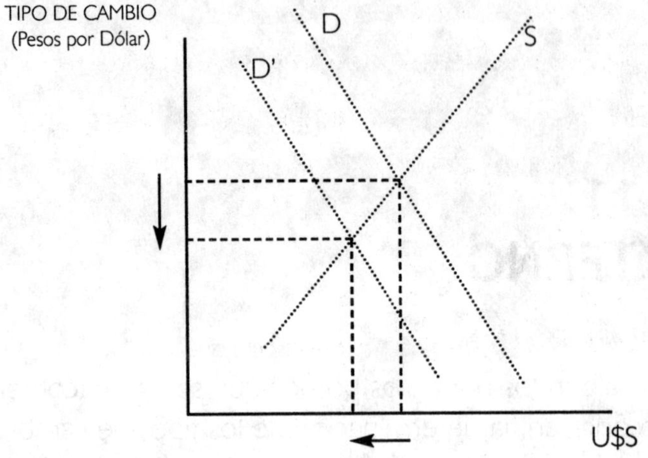

Respuesta: La demanda de dólares (D) se desplaza a la izquierda (D') y el tipo de cambio dólares se deprecia, mientras que el peso se aprecia.

Ejercicios de revisión:

1) Explique las causas del comercio internacional.
2) ¿Para qué sirven los mercados de divisas?
3) Ensaye una definición de tipo de cambio.
4) Explique la diferencia entre tipo de cambio nominal y tipo de cambio real. Cite ejemplos.
5) Desarrolle los distintos sistemas de tipo de cambio.
6) Sintetice esquemáticamente la balanza de pagos y consigne qué se registra en cada una de sus cuentas.
7) Explique cómo intervienen los bancos centrales en los mercados de divisas en los sistemas de cambio dirigidos.
8) Describa el mecanismo de ajuste de Hume.
9) Sintetice las críticas de Keynes al patrón oro.
10) Sintetice cuáles serían los marcos metodológicos de análisis de una economía y qué indicadores se analizarían para comprender la coyuntura, los escenarios y la prospectiva.

11) Compare cifras internacionales de exportaciones e importaciones entre diferentes países desarrollados, de América Latina y de Asia. Consigne los valores, por lo menos, de dos países por continente.

Ejercicios de evaluación de opción múltiple:

1) Decimos que una moneda nacional ha sufrido una apreciación cuando:

   a) Disminuye su valor, porque el tipo de cambio oficial sube.

   b) Aumenta su valor, porque el tipo de cambio oficial baja.

   c) Aumenta su valor, con relación al valor de otra.

   d) Ninguna de las anteriores es correcta.

2) Señale la opción correcta:

   a) La ley de la PPA establece que las monedas de los países con elevadas tasas de inflación tienden a apreciarse.

   b) La ley de un solo precio establece que, en ausencia de costos de transporte y barreras comerciales, los bienes idénticos deben venderse a un precio diferenciado en todos los mercados.

   c) Si se calcula el PIB tomando el tipo de cambio de acuerdo con la PPA, China es la tercera economía del mundo.

   d) Ninguna de las anteriores es correcta.

3) En los sistemas de tipo de cambio flexible:

   a) Los gobiernos intervienen y tratan de fijar un tipo de cambio determinado.

   b) Los precios relativos de las monedas se determinan en el mercado.

   c) Los gobiernos especifican a qué tipo de cambio se convertirá su moneda.

   d) Ninguna de las anteriores es correcta.

4) Señale la opción correcta:
   En el balance de pagos:

   a) Los seguros contratados por argentinos a empresas extranjeras se registran en la cuenta servicios financieros.

   b) El pago de intereses de la deuda externa se registra en la cuenta capital del balance de pagos.

   c) El ingreso por privatizaciones se registra en la cuenta corriente del balance de pagos.

   d) Ninguna de las anteriores es correcta.

5) Señale la opción correcta:

a) Las camas solares que importamos se registran en la cuenta servicios reales.

b) La compra de materias primas a Japón se registra en la cuenta capital.

c) La venta de trigo a España se registra en la cuenta trasferencias.

d) Ninguna de las anteriores es correcta.

6) Seleccione la opción correcta:

a) La pensión que reciben los abuelos de Italia se registra en la cuenta servicios reales.

b) La compra de bonos de maquinarias para una industria se registra en la cuenta capital.

c) El dinero que le giramos a un familiar residente en España se registra en la cuenta servicios financieros.

d) Ninguna de las anteriores es correcta.

Algunas respuestas a los ejercicios de evaluación de opción múltiple

Capítulo 1:

1) b y c. 2) a. 3) b.

Capítulo 2:

1) d. 2) d. 3) b.

Capítulo 3:

1) a. 2) c. 3) b.

Capítulo 4:

1) d. 2) d. 3) c.

Capítulo 5:

1) d. 2) d. 3) a.

Capítulo 6:

1) c. 2) b. 3) b.

Capítulo 7:

1) c. 2) d. 3) d.

Capítulo 8:

1) c. 2) b. 3) b.

Capítulo 9:

1) c. 2) b. 3) c.

Capítulo 10:

1) c. 2) d. 3) c.

Capítulo 11:

1) d. 2) c. 3) b.

Notas

Notas

Notas

Notas

Notas

Notas